中小学冬奥会雪上项目科普读物

“沃沃”带你看

冬奥会

雪上项目

邵国民　王　栋　主编

同济大学出版社
TONGJI UNIVERSITY PRESS

编委会

总 顾 问 赵英刚

顾　　问 严家栋　俞　彪　王　毅

主　　编 邵国民　王　栋

副 主 编 罗　浩　杨　军　黄孙巍

策　　划 寿晓峰　马　骏　陆　怡

美　　术 李恒佳

编　　委 （按姓氏笔画顺序）

于　屹　马晓东　朱　瑜　严军平　苏昌锋

李　忠　束　文　肖旭扬　张　勇　张　琪

陶骆定　龚　涛

编写人员 马　骏　王龙飞　王　麒　刘　毅　朱逸飞

宋　晴　张成迪　张　燕　李　思　杨新娟

罗　浩　邱　慧　陆　怡　陈　玲　姚若雨

茅　剑　龚　正　谢　杰　褚　易

前言

《奥林匹克宪章》中提到：“每一个人都应享有从事体育运动的可能性，而不受任何形式的歧视，并体现相互理解、友谊、团结和公平竞争的奥林匹克精神。”

2008 年北京夏季奥运会的成功举办，向全世界展示了中国改革开放和现代化进程中所取得的瞩目成就，对体育教育、体育产业、竞技水平提升产生了巨大的社会影响，国民们经历了体育走入日常生活的思想启蒙，普遍建立了体育价值观。北京夏季奥运会举办至今，观众们通过电视转播，对夏季奥运项目已耳熟能详。而对于冬季冰雪运动，我国起步较晚，与发达国家相比差距很大。

2015 年 7 月 31 日下午，随着国际奥委会主席巴赫在国际奥委会第 128 次会议上的庄严宣告，北京取得了 2022 年冬季奥林匹克运动会举办权。

国家主席习近平指出：北京举办冬奥会将带动中国 3 亿多人参与冰雪运动，这将是对国际奥林匹克运动发展的巨大贡献。同时，习主席对办好北京冬奥会作出重要的指示，强调“加快冰雪运动发展和普及，使广大人民群众受益”“确保把北京冬奥会办成一届精彩、非凡、卓越的奥运盛会”。国家体育总局也于 2018 年 9 月 5 日发布了《“带动三亿人参与冰雪运动”实施纲要（2018—2022 年）》。

2022 年冬奥会使北京再次成为全世界冰雪运动爱好者关注的焦点。这也为国民大众了解冰雪运动提供了难得的良机。对于南方的中小学生来说，很多人可能还没有亲身体验过冰雪运动，冬季奥林匹克运动项目离他们十分遥远。如何能让他们了解冬奥会比赛项目，兴致盎然地看懂冬奥会，热爱上冰雪运动项目？基于此，本书介绍了冬季奥运会的历史，北京冬奥会的概况，深入浅出、图文并茂地讲述了北京冬奥会雪上项目金牌分布、比赛规则、场地设施、比赛装备等，尤其是项目的看点，以激发同学们对冰雪运动的向往。北京冬奥会举办适逢中国农历虎年，为了更加贴近中小学生的年龄特点，书中设计了一个卡通人物——小老虎“沃沃”，作为虚拟参加冬奥会雪上项目的运动员来展示比赛形态。

我们期望通过这本冬奥会雪上项目科普读物，激发同学们对冰雪运动的兴趣，同学们可以通过观看比赛，从小理解、弘扬和实践奥林匹克精神。

特别鸣谢为本书出版提供大力支持的以下单位及品牌：密苑云顶乐园滑雪场、中国银行上海分行、上海美津浓有限公司、Salomon 萨洛蒙！

编者

2021.11

目录

1

冬季奥运会概述

1.1 冬季奥运会的历史

冬季奥林匹克运动会，简称冬奥会，英文全称“OLYMPIC WINTER GAMES”，是全球规模最为盛大的冬季体育综合性运动会，由国际奥林匹克委员会主办、申办国家的获选城市承办，每四年举办一次，参与国家遍及五大洲，代表五大洲的五环图案组成冬奥会的会徽。

首届冬奥会于 1924 年在法国夏蒙尼（Chamonix）举办

第二届冬奥会于 1928 年在瑞士圣莫里茨（St.Moritz）举办

冬季奥林匹克运动会举办历史

历届冬奥会	第一届	第二届	第三届	第四届	第五届	第六届
时间	1924年	1928年	1932年	1936年	1948年	1952年
地点	法国夏蒙尼 Chamonix	瑞士圣莫里茨 St.Moritz	美国普莱西德湖 Lake Placid	德国加尔施-帕滕基兴 Garmisch Partenkirchen	瑞士圣莫里茨 St.Moritz	挪威奥斯陆 Oslo
历届冬奥会	第七届	第八届	第九届	第十届	第十一届	第十二届
时间	1956年	1960年	1964年	1968年	1972年	1976年
地点	意大利科蒂纳丹佩佐 Cortina d'Ampezzo	美国斯阔谷 Squaw Valley	奥地利因斯布鲁克 Innsbruck	法国格勒诺布尔 Grenoble	日本札幌 Sapporo	奥地利因斯布鲁克 Innsbruck
历届冬奥会	第十三届	第十四届	第十五届	第十六届	第十七届	第十八届
时间	1980年	1984年	1988年	1992年	1994年	1998年
地点	美国普莱西德湖 Lake Placid	南斯拉夫萨拉热窝 Sarajevo	加拿大卡尔加里 Calgary	法国阿尔贝维尔 Albertville	挪威利勒哈默尔 Lillehammer	日本长野 Nagano
历届冬奥会	第十九届	第二十届	第二十一届	第二十二届	第二十三届	第二十四届
时间	2002年	2006年	2010年	2014年	2018年	2022年
地点	美国盐湖城 Salt Lake City	意大利都灵 Torino	加拿大温哥华 Vancouver	俄罗斯索契 Sochi	韩国平昌 Pyeongchang	中国北京 Beijing

1.2 2022 年北京冬奥会

第二十四届冬季奥林匹克运动会（The XXIV Olympic Winter Games），即2022年北京冬季奥运会（简称“北京冬奥会”），计划于2022年2月4日开幕，2月20日闭幕。北京冬季奥运会设7个大项，15个分项，109个小项。北京赛区承办所有的冰上项目；延庆赛区承办雪车、雪橇及高山滑雪项目；张家口赛区的崇礼区承办除雪车、雪橇及高山滑雪之外的所有雪上项目。

北京冬奥会与2008夏季奥运会使得北京成为世界首个“双奥之城”！

北京冬奥会是“带动三亿人参与冰雪运动”、推动冰雪运动普及的冬奥会！

北京冬奥会是践行“绿色办奥”理念、可持续发展的奥运会！

2

雪上项目比赛

2.1 高山滑雪

高山滑雪根据不同的山形地貌，参赛选手通过快速下降滑行、转弯绕过旗门、跳跃等技术完成比赛。分为滑降、回转、大回转及超级大回转等项目。不同项目对赛道落差、坡度及长度都有明确要求。高山滑雪是世界上复杂程度最高、组织难度最大的雪上竞赛项目之一，被誉为“冬奥会皇冠上的明珠”。

1. 高山滑雪比赛小项名称、金牌数量及分布

高山滑雪比赛共设 11 块金牌，分布在以下小项中：

性别	比赛小项		
	中文名称	英文名称	金牌数量
男子 / 女子	滑降	Downhill	2
	回转	Slalom	2
	大回转	Giant Slalom	2
	超级大回转	Super-G	2
	全能	Alpine Combined	2
混合	团体	Mixed Team Event	1

2. 高山滑雪比赛规则

高山滑雪比赛中，参赛选手用时少者成绩排名靠前。滑降和超级大回转是竞速项目，参赛选手一次比赛成绩决定名次。

大回转和回转参赛选手每人滑两轮，两轮成绩相加总成绩排定名次。全能比赛是按第一轮滑降与第二轮回转成绩相加总和排定名次。团体比赛为淘汰赛。

高山滑雪比赛中，参赛选手必须在赛道滑行时高速绕过一定数量的旗门。碰倒旗门不算犯规，如果漏掉一个旗门，则为犯规，成绩无效。

3. 高山滑雪比赛场地与装备

滑降赛道的垂直落差：男子 800 米以上，女子 450 米以上。回转、大回转、超级大回转赛道落差从 140 米到 650 米不等。高山滑雪赛道中间设有旗门，每个比赛项目旗门设置不同。赛道两侧都设有安全防护网。

4. 高山滑雪竞赛场馆

北京冬奥会高山滑雪比赛在延庆赛区的国家高山滑雪中心进行。

2.2 越野滑雪

越野滑雪是冬奥会雪上项目设金牌数最多的项目之一，也是冬奥会的传统项目，自 1924 年被列入首届冬奥会延续至今。每届冬奥会滑雪比赛都备受关注，越野项目水平高低以及在冬奥会所取得的成绩，成为衡量一个国家冬季冰雪运动水平的主要标志。因此，冬奥会奖牌有“得越野得天下”的比喻。

作为冬奥会的一项惯例，越野滑雪男子 50 公里、女子 30 公里颁奖仪式在闭幕式上举行。

1. 越野滑雪比赛小项名称、金牌数量及分布

越野滑雪比赛共设 12 块金牌，分布在以下小项中：

性别	比赛小项		
	中文名称	英文名称	金牌数量
男子 / 女子	双追逐	15km+15km Skiathlon	2
	个人短距离	Sprint Free	2
	团体短距离	Team Sprint Classic	2
男子	15 公里	15km Classic	1
	50 公里集体出发	50km Mass Start Free	1
	4X10 公里接力	4X10km Relay	1
女子	10 公里	10km Classic	1
	30 公里集体出发	30km Mass Start Free	1
	4X5 公里接力	4X5km Relay	1

2. 越野滑雪比赛规则

越野滑雪比赛出发形式有间隔出发和集体出发两种。

越野滑雪比赛分为自由技术和传统技术两种，传统技术比赛赛道有专门压制的雪槽，雪板在雪槽内滑行，选手运用双腿的前后滑动和雪杖撑动前进。自由技术比赛对技术动作没有限制。

3. 越野滑雪比赛场地与装备

比赛线路设计在山地或丘陵地带，必须有上坡、下坡和平地，每个地形约占赛道总长度的 1/3。

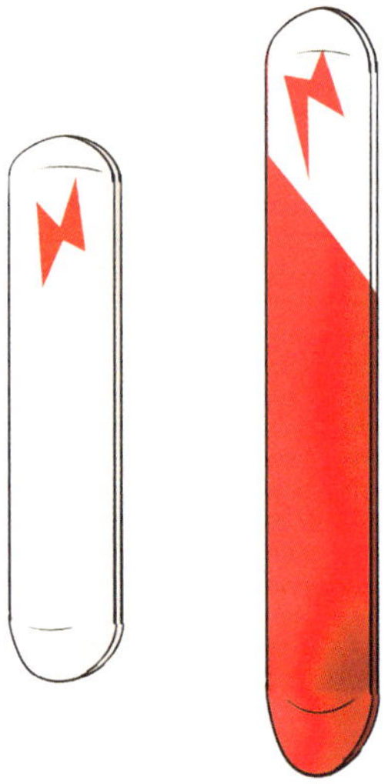

自由式雪板比传统式雪板短

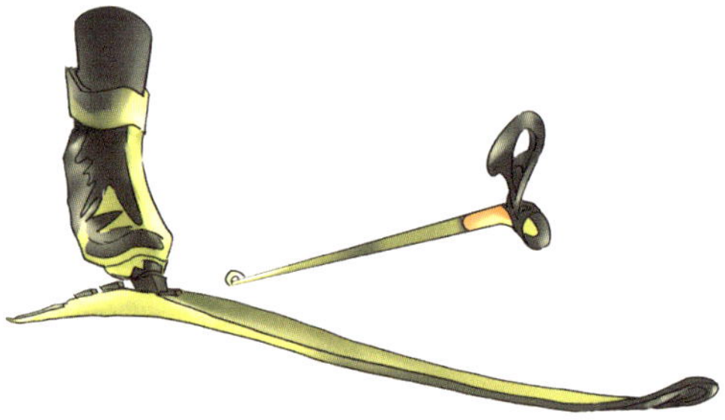

传统式雪鞋只有脚尖部分连接传统式雪板

越野滑雪使用两种技术，雪板有差别：①自由式板比较短，板底需打滑蜡；②传统式板有很明显的弓形弧线，滑行部分需要打滑蜡，中间蹬动部分打防滑蜡。

越野滑雪参赛选手要有非常强悍的体能，因为比赛中体力消耗非常大，终点冲刺时竞争也非常激烈，经常会看到有人摔倒在地。其实并不是每一次摔倒都是体力耗尽，有时候摔倒撞线也是一种获胜的战术。

4. 越野滑雪竞赛场馆

北京冬奥会越野滑雪比赛在张家口赛区的国家越野滑雪中心进行。

2.3 单板滑雪

单板滑雪也被称为冬季冲浪，是参赛选手脚踏单板利用身体和双脚来控制方向，在赛道上做出滑行、跳跃、腾空、跨越障碍等一系列技术动作的雪上竞技项目。

1. 单板滑雪比赛小项名称、金牌数量及分布

单板滑雪比赛共设 11 块金牌，分布在以下小项中：

性别	比赛小项		
	中文名称	英文名称	金牌数量
男子 / 女子	U 型场地技巧	Halfpipe	2
	障碍追逐	Snowboard Cross	2
	坡面障碍技巧	Slopestyle	2
	平行大回转	Parallel Giant Slalom	2
	大跳台	Big Air	2
混合	障碍追逐混合团体	Snowboard Cross Mixed Team	1

2. U 型场地技巧比赛规则与场地

参赛选手从 U 型雪池顶部出发，顺雪池壁滑向另外一侧雪池壁，腾空跳跃、转体，完成 5 ～ 8 个不同动作。6 名裁判通过摄像屏幕进行打分，打分内容包括完成度、高度、难度、多样性及进步 5 个因素，满分 100 分，去掉最高分与最低分，4 个有效分数的平均分就是该选手得分。预赛为 2 轮，取最好成绩。女子前 6 名、男子前 12 名进入决赛。决赛为 3 轮，取最好成绩排定名次。

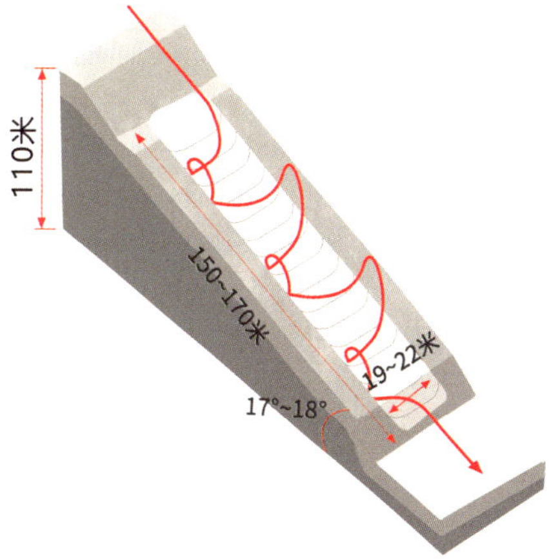

U 型场地的长度为 150 ～ 170 米，宽度为 19 ～ 22 米，深度为 6.7 米，坡度为 17°～ 18°，出发点至结束点垂直落差为 110 米。

S

3. 障碍追逐比赛规则与场地

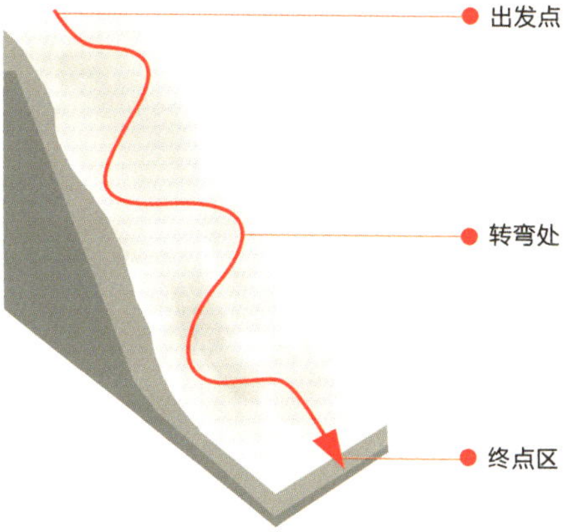

障碍追逐是滑雪项目中最具观赏性和刺激性的比赛。参赛选手滑行穿越诸多障碍，如波浪雪道、雪墙、小跳台、急转弯等，为竞速类项目。比赛首先进行排位赛，参赛选手单个出发到达终点计时成绩。根据赛制取一定数量选手进入淘汰赛，淘汰赛 4 人或 6 人一组出发，排名靠前的 2 人或 3 人进入下一轮。直至最后的大决赛和小决赛决出名次。

障碍追逐比赛线路长 900 ～ 1200 米，落差 180 ～ 250 米，总宽度 40 米。

参加障碍追逐混合团体比赛的每支队伍由 2 名运动员组成，男、女运动员各 1 名。混合团体比赛采用计时赛赛制，所有参赛队通过抽签方式分组，分在同一组的队伍在计时赛中同时出发。分别统计各参赛队用时后统一排名，计时赛成绩排名前 4 的参赛队入围最终决赛。通过最终决赛决出排名 1 ～ 4 位的参赛队，其余参赛队根据计时赛阶段成绩进行排名。

4. 坡面障碍技巧比赛规则与场地

参赛选手从单板公园场地坡面出发，以变换转向、旋转、跳跃、空翻方式，在跳台、铁杆、方盒等道具上做出难度动作。

预赛进行 2 轮，取最好成绩。前 10 名进入决赛，取最好成绩排定名次。7 ～ 10 名裁判根据不同的赛制分为 2 个组——分段组和整体印象组，分段组裁判的平均分占总分 的 60%，整体印象组裁判的平均分占 40%。决赛进行 2 轮，根据参赛选手 2 轮比赛中的最好成绩排定选手的最后名次。

坡面障碍技巧场地赛道落差最少为 150 米，坡度在 12°以上。

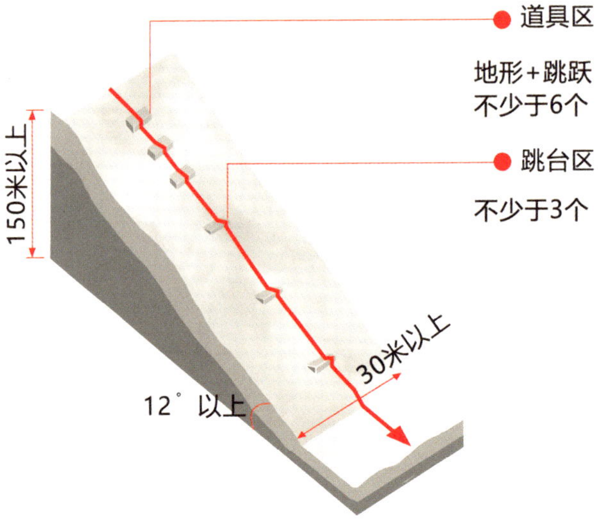

5. 平行大回转比赛规则与场地

比赛分为预赛、小组赛、小决赛和大决赛。赛道分为红色旗门和蓝色旗门两部分。预赛中，国际雪联积分排名奇数位的参赛选手在红道，国际雪联积分排名偶数位的参赛选手在蓝道，红道、蓝道各取前 16 名进入小组赛。然后参赛选手根据预赛成绩被分成两人一组，胜者进入下一轮，依次淘汰到最后两组，两组中失败者参加小决赛决出第 3、4 名，胜出者参加决赛决出冠、亚军。

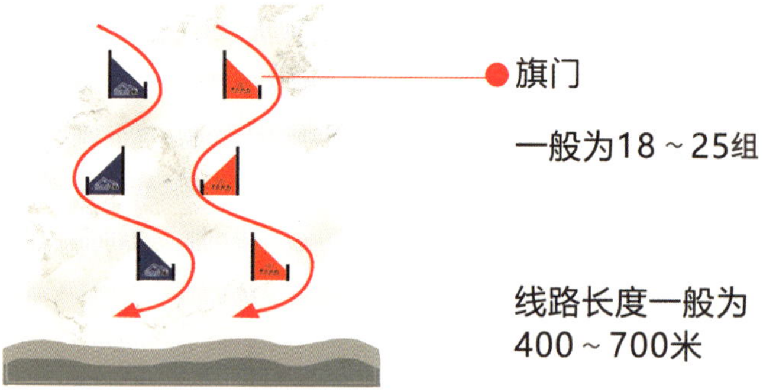

平行大回转赛道长度为400～700米，宽度至少为40米，落差为120～200米，一般设置18～25组旗门，红色旗门和蓝色旗门在赛道长度、坡度和旗门位置保持高度一致。参赛选手使用竞速类单板，板身较长，板前部分略微向上翘起，材质较硬，以便滑板高速滑行时保持稳定。

6. 大跳台比赛规则与场地

参赛选手从高处滑行而下通过大跳台起跳，做出空翻、旋转、抓板等技巧动作。预赛共有两次机会，取最好一次成绩排名。决赛三轮，取最好的两次成绩排名。6 名裁判进行整体印象评分，去掉一个最高分和一个最低分后，取平均分。

大跳台的场地分为助滑道、起跳台、着陆坡和终点区域四个部分。

7. 单板滑雪竞赛场馆

北京冬奥会单板滑雪项目的大跳台比赛在北京赛区的首钢滑雪大跳台中心进行，其余小项在张家口赛区的云顶滑雪公园进行。

2.4 自由式滑雪

自由式滑雪通常指双板自由式滑雪，属于技巧型项目，包括空中技巧、雪上技巧、障碍追逐、U 型场地技巧、坡面障碍技巧及大跳台。参赛选手集力量、速度和技巧于一身，在雪坡上或在 U 型槽内滑行，从跳台上腾跃，通过腾空、转体、空翻等技巧动作来决出成绩。

1. 自由式滑雪比赛小项名称、金牌数量及分布

自由式滑雪比赛共设 13 块金牌，分布在以下小项中：

性别	比赛小项		
	中文名称	英文名称	金牌数量
男子 / 女子	空中技巧	Aerials	2
	雪上技巧	Moguls	2
	障碍追逐	Ski Cross	2
	U 型场地技巧	Halfpipe	2
	坡面障碍技巧	Slopestyle	2
	大跳台	Big Air	2
混合	空中技巧混合团体	Aerials Mixed Team	1

2. 空中技巧比赛规则与场地

参赛选手完成动作有三部分：腾空、空中动作、着陆。空中技巧比赛采用淘汰制，预赛两轮，前 12 名进入决赛；决赛三轮，采取一跳淘汰制，第一轮 12 进 9，第二轮 9 进 6，第三轮最后 6 名参赛选手决出最终名次。

场地由助滑坡、过渡区、平台区、跳台、着陆坡和终点区组成。助滑坡长约 70 米、宽 14 米、坡度为 25°，在过渡区上部直线长度约 20 米的助滑坡两侧每隔 2 米插 1 个标志物，共插 20 个，过渡区长约 21 米，宽 14 米；着陆坡长约 25 米，宽 18 米，坡度为 38°。

3. 雪上技巧比赛规则与场地

参赛选手主要比拼三个部分：“蘑菇包”穿越、跳台技巧、速度滑行。雪上技巧以回转动作穿越“蘑菇包”和空中动作质量分与计时成绩总和排定名次。预赛前 20 名进入决赛，决赛比赛顺序根据预赛成绩倒序进行。5 名“回转动作”裁判根据参赛选手的回转动作完成质量和失误等因素打分；2 名“空中技巧”裁判根据动作完成情况、腾空的高度和质量打分。

雪上技巧的场地回转雪道坡度相对比较陡峭，场地长 200 ～ 270 米，宽 15 ～ 25 米，坡度为 24°～ 32°。

4. 障碍追逐、U 型场地技巧、坡面障碍技巧及大跳台比赛规则与场地

与单板滑雪中的障碍追逐、U 型场地技巧、坡面障碍技巧、大跳台比赛项目规则和场地相同，区别在于使用双板。

自由式滑雪的滑雪板除要安装脱落器以外，雪上技巧和空中技巧还必须安装停速器或止滑器。自由式滑雪各项目参赛选手不允许穿紧身连身服，必须穿戴护具，护具不允许采用外挂形式。

S

5. 自由式滑雪竞赛场馆

北京冬奥会自由式滑雪项目的大跳台比赛在北京赛区的首钢滑雪大跳台中心进行，其余小项在张家口赛区的云顶滑雪公园进行。

2.5 跳台滑雪

跳台滑雪是参赛选手以滑雪板为工具，不持雪杖，在比赛跳台上通过助滑坡获得速度比跳跃距离和动作姿势的一种雪上竞技项目。

跳台滑雪起源于挪威，首届冬奥会起就被列为比赛项目。

1. 跳台滑雪比赛小项名称、金牌数量及分布

跳台滑雪比赛共设 5 块金牌，分布在以下小项中：

性别	比赛小项		
	中文名称	英文名称	金牌数量
男子	个人标准台	Normal Hill Individual	1
	个人大跳台	Large Hill Individual	1
	团体	Men's Team	1
女子	个人标准台	Normal Hill Individual	1
混合	团体	Mixed Team	1

2. 跳台滑雪比赛规则

跳台分为标准台和大跳台，北京冬奥会的标准台为 K95 米，大跳台为 K125 米。跳台滑雪得分由飞行距离分和飞行姿态分组成。飞行距离分与跳台级别大小有关，跳台级别越大，分值越低。规则规定，参赛选手飞行距离达到 K 点，则为满分 60 分。如果参赛选手的飞行距离超过了 K 点，则将所超距离乘以每米分值，然后加上 60 分。假如参赛选手的飞行距离达不到 K 点，则将所短距离乘以每米分值，再从 60 分中减去。飞行姿态根据参赛选手在飞行、着陆及停止阶段完成动作的准确性、完美性以及整体稳定性打分。

评分由 5 名裁判进行，每名裁判最高给分为 20 分，去掉一个最高分和一个最低分，然后将剩余 3 个分数相加，即为运动员完成分。

比赛共进行两轮，首轮按参赛选手世界杯积分倒序出发或抽签排序出发。第二轮按第一轮比赛得分倒序出发，两轮分数相加合计最后得分。

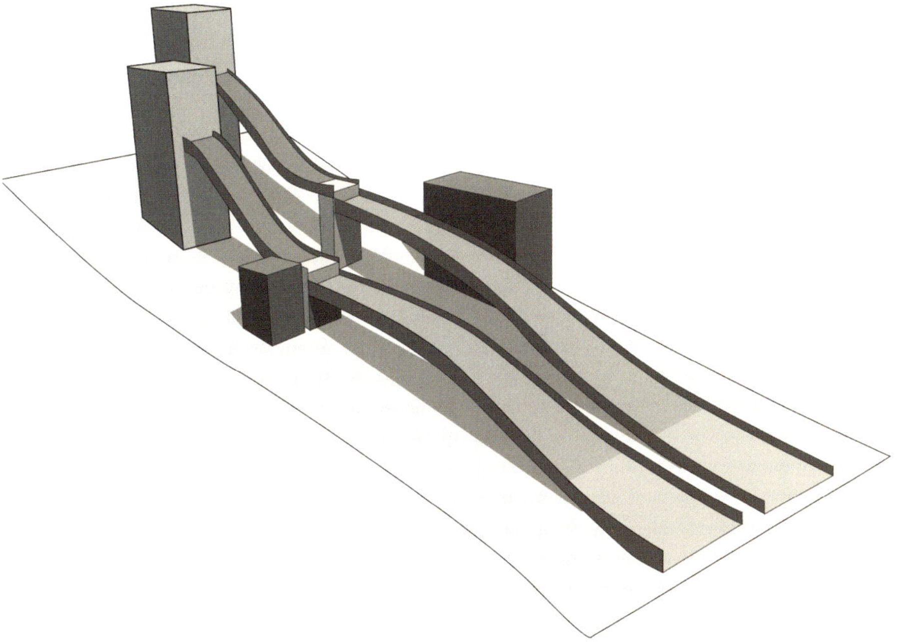

3. 跳台滑雪比赛场地与装备

跳台由助滑道、起跳区、着陆坡和停止区组成。参赛选手通过电梯或索道到达跳台出发点。

参赛选手的滑雪服由合成纤维材料制成，厚度不能超过 6 毫米，也不能薄于 4 毫米。规则规定，参赛选手滑雪服、雪鞋、头盔和滑雪镜总重量由选手身高与体重来决定。

参赛雪板长度规定为选手身高乘以 1.45，最宽为 11.5 厘米。

4. 跳台滑雪竞赛场馆

北京冬奥会跳台滑雪比赛在张家口赛区的国家跳台滑雪中心进行。

2.6 北欧两项

北欧两项为跳台滑雪与越野滑雪两个比赛结合在一起的竞技滑雪项目，是冬奥会唯一一项只有男选手参加的项目。

参赛选手既要有跳台滑雪的身体控制与起跳后的滑翔能力，还要具备越野滑雪的体能与速度。选手们在跳台比赛和越野滑雪比赛中，要使用两种不同的滑雪板，一种是跳台运动员专用板，另一种是越野滑雪自由式滑雪专用板。1924 年法国夏蒙尼首届冬奥会上，北欧两项就被列为比赛项目。比赛中先比跳台再比越野滑雪，两项比赛相隔 2 ～ 3 小时，以便参赛选手的体能恢复。

1. 北欧两项比赛小项名称、金牌数量及分布

北欧两项比赛共设 3 块金牌，分布在以下小项中：

性别	比赛小项		
	中文名称	英文名称	金牌数量
男子	个人标准台 +10 公里越野滑雪	Individual Gundersen NH/10km	1
	个人大跳台 +10 公里越野滑雪	Individual Gundersen LH/10km	1
	团体大跳台 +4X5 公里接力越野滑雪	Team Gundersen LH/4X5km	1

2. 北欧两项比赛规则

采用与跳台滑雪和越野滑雪单项比赛相同的规则。越野滑雪是比自由技术，个人赛以抽签或积分排名顺序进行跳台滑雪比赛。跳台滑雪的分数决定参赛选手越野滑雪比赛出发顺序和间隔时间，每落后 1 分，就推迟 4 秒出发，按到达终点的先后排列名次。

团体赛每队有 4 名参赛队员，按出场顺序分别穿戴红、绿、黄和蓝号码背心，不可更改。也是先比跳台，后比越野滑雪。越野滑雪举行接力赛，第一位参赛选手出发顺序和间隔时间由跳台滑雪团体总分决定，每落后 1 分，推迟 1.33 秒出发。第二、第三和第四位参赛选手在接力区等待，成功交接后再出发。第四位参赛选手到达终点的成绩决定各队名次，先到者夺冠。

S

S
S

3. 北欧两项比赛场地与装备

共用跳台滑雪场地和越野滑雪部分场地，所用装备与跳台滑雪项目和越野滑雪项目基本相同。

4. 北欧两项竞赛场馆

北京冬奥会北欧两项比赛在张家口赛区的国家跳台滑雪中心和国家越野滑雪中心进行。

2.7 冬季两项

冬季两项是越野滑雪与射击结合的比赛项目。参赛选手在快速滑行中，快速进入静止状态进行射击，既要比滑雪的速度又要比射击的精准度。

1. 冬季两项比赛小项名称、金牌数量及分布

冬季两项比赛共设 11 块金牌，分布在以下小项中：

性别	比赛小项		
	中文名称	英文名称	金牌数量
男子	10 公里短距离	10km Sprint	1
	20 公里个人	20km Individual	1
	12.5 公里追逐	12.5km Pursuit	1
	15 公里集体出发	15km Mass Start	1
	4×7.5 公里接力	4×7.5km Relay	1
女子	7.5 公里短距离	7.5km Sprint	1
	15 公里个人	15km Individual	1
	10 公里追逐	10km Pursuit	1
	12.5 公里集体出发	12.5km Mass Start	1
	4×6 公里接力	4×6km Relay	1
混合	女子 2×6 公里 + 男子 2×7.5 公里混合接力	2×6km Women's Relay +2×7.5km Men's Relay	1

2. 冬季两项比赛规则

冬季两项是越野滑雪和射击结合在一起的运动。比赛时，参赛选手脚穿滑雪板，手持滑雪杖，后背小口径步枪，沿标记的雪道，按指示方向和顺序滑完全程。每滑行到预定靶场完成射击，最先到达终点者获得优胜。靶场一般设在起终点区附近，参赛选手到达射击位置，脱下装备，摘下步枪，分别采取卧姿和立姿两种射姿完成射击，靶距离为 50 米。

个人赛，参赛选手单个出发，每人 20 发子弹，参赛选手在滑行中总共射击 4 次，每次 5 发子弹。如果选手有失误，最终成绩将加上 1 分钟的时间。

短距离比赛、追逐赛和集体出发比赛规则与个人赛类似。参赛选手如果脱靶1发加罚1圈。在接力、混合比赛中，每人每轮有3发备用子弹，使用后如仍然不中，则脱靶1次加罚1圈。

3. 冬季两项比赛场地与装备

冬季两项比赛场地划定不同的线路，由各种平坦、上坡、下坡等自然起伏的地段组成。线路上的雪面要经过压雪机压平，厚度至少10厘米。起点、射击场和终点设在平坦的场地上，并尽量设置在一起。起点区单发和双发的出发线与滑行方向成直角。集体和分组出发时，每名参赛选手占有一条雪道，每条雪道间隔至少2米，在距起点线100米处，逐渐变成一条雪道。终点用一条与线路成直角的线标出“终点线”。抵达终点前100米的线路，尽可能是直线，并在100米处设立标有“100米”的标牌。

4. 冬季两项竞赛场馆

北京冬奥会冬季两项比赛在张家口赛区的国家冬季两项中心进行。

3

国际雪联 FIS 十大滑雪安全规则

【规则一】尊重原则

无论双板还是单板滑雪者，都应该遵循以下行为准则：绝不做出将会损伤或致使他人受伤的行为。

【规则二】自控原则

无论双板还是单板滑雪者，都应当让自己的滑行处于可控范围之内。其滑行速度和方式应当与其个人滑雪水平相符，并且应根据地势、雪质、天气和雪场人口密度来选择以何种方式滑行。

【规则三】选择安全线路原则

后方滑雪者务必要选择不危及前方滑雪者的线路滑行（前方滑雪者有雪道使用的优先权）。

【规则四】超越原则

从后方或侧方超越其他滑雪者时，请保持足够距离。

【规则五】进入雪道、启动、爬坡原则

当滑雪中途稍作休息重新开始或者向坡上攀爬时，务必保证不危及自己及其他人的安全。

【规则六】停止地点原则

除非必须，滑雪者应避免停留在雪道中间、赛道、狭窄的雪道、视线易受阻的地方。若经过上述地点，请尽快通过。

【规则七】两侧行走原则

如需在雪道上行走时，请务必在雪道两侧。

【规则八】注意警示标识原则

滑雪者务必对信号牌、指示牌和指示物保持足够的重视。

【规则九】协助原则

一旦遇见事故，每个滑雪者都有义务去帮助受伤的人。

【规则十】事故确定身份原则

事故后的滑雪者或者目击者，无论是否有相关责任，都应该彼此留下联系方式。

4

滑雪装备与穿戴

4.1 双板滑雪装备与穿戴

1. 雪板

双板滑雪板, 依照转弯表现, 可分回转板、大回转板、全地域板和野雪板等。

双板滑雪板由板头、板腰及板尾构成。选择雪板，需要考量身高、体重、年龄及滑雪技术。

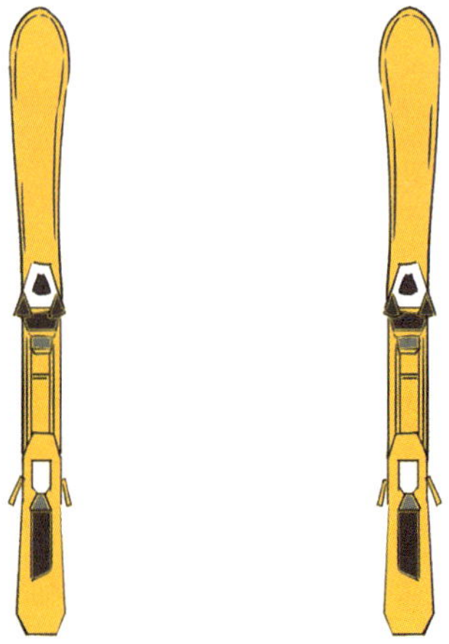

2. 固定器

雪鞋通过固定器连接雪板进行滑行，当滑雪摔倒，固定器可使雪板自动脱掉，避免人员受伤。

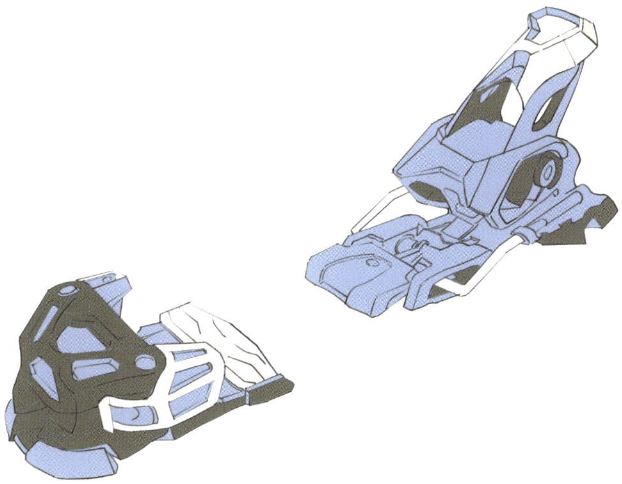

3. 雪鞋

雪鞋分为外壳和内胆两部分。外壳很硬并且防水，内胆起到保暖的作用。雪鞋外壳上有可调节的卡扣用来调整松紧。

穿雪鞋时，首先打开卡扣向外拉开内胆的鞋舌，穿鞋后站立踩实，再依次从下往上扣好卡扣，最后绑好绑带，避免过紧或过松。

脱雪鞋时，先打开卡扣和绑带，将脚从鞋中移出，并将内胆鞋舌恢复原位，扣好卡扣。

穿雪板时，雪鞋底的雪要清除，雪鞋底前凸起部位伸进前固定器的卡槽，雪鞋跟凸起部位用力踩下固定器后端使锁柄抬起。先穿一块雪板，完全支撑后再穿另一块雪板。

脱雪板时，可用雪杖杖尖或手掌下压固定器锁柄，使鞋跟先脱离，再将雪鞋移出。站稳后再用同样方式脱掉另一块雪板。

4. 雪杖

雪杖用于滑行时掌握平衡、发起转弯，也可起到在平缓雪地撑地滑动的作用。

选择雪杖的小窍门：把雪杖倒立握住杖尖，杖柄撑地，如果肘关节呈大约90°，那么这根雪杖就是合适的。

5. 滑雪服

滑雪服首先需要保暖防风，高档专业滑雪服还应具有防水、排湿、防磨损等功能。

6. 头盔

滑雪头盔是进入雪场必须配戴的重要防护装备，可以保护头部免受撞击伤害，还能保温，防止热量流失。头盔要大小合适才会起到保护作用。

7. 滑雪镜

滑雪镜可以防止阳光的刺眼及紫外线对眼睛的灼伤，在滑行过程中还能起到防风的作用。

专业滑雪镜应视野良好，保持一定的透气性，防止起雾。高档专业滑雪镜的镜片还可根据天气状况更换不同的颜色。

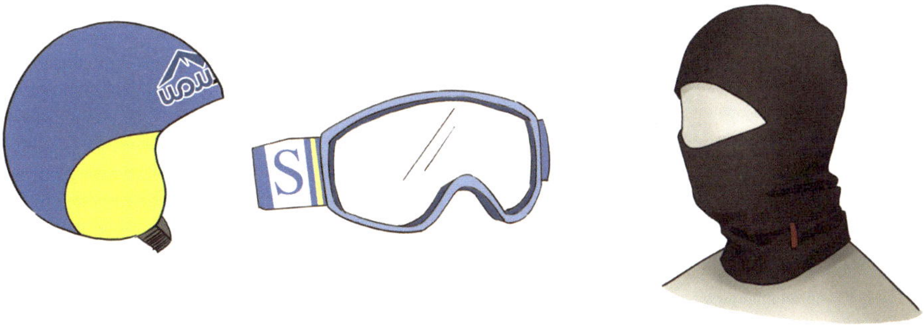

8. 手套

拿雪板、滑行需要握杖、倒地会触雪，因此滑雪手套具有保暖、防水、保护的作用。

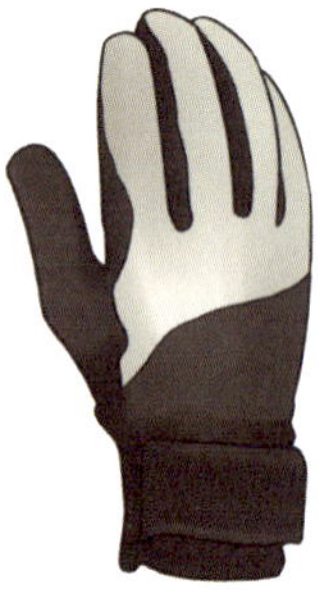

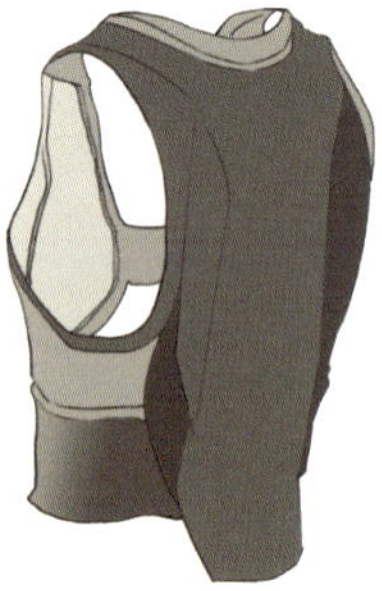

9. 护具

高速滑雪往往具有一定的危险，因此需要在滑雪服内穿着护具，用来保护身体避免因倒地或撞击带来的受伤风险。常见的双板滑雪护具是护甲（护背）。

4.2 单板滑雪装备与穿戴

1. 雪板

单板滑雪板分为自由式板、全能板和竞速板。单板的板头和板尾两端翘起，两边是金属板刃，脚前一边为前刃，脚跟一边是后刃。

穿单板有站式及坐式两种方式：

① 站式穿单板适用于平缓雪地。

前脚伸入固定器，先扣脚踝大绑带卡扣，再扣前面包裹鞋头的绑带卡扣，后脚再穿入固定器，依次扣好绑带。

②坐式穿单板适用于平缓雪地和坡面雪地。

面向山下坐好，将前脚伸入固定器内压住雪板后刃，依次扣好绑带，再放入后脚进固定器压住雪板后刃，依次扣好绑带。

2. 固定器

单板固定器通常用绑带来固定雪鞋，没有自动脱离功能。也有新式单板快穿固定器，通过匹配的雪鞋上的卡扣与固定器上的卡扣咬死来固定。单板固定器的距离通常等宽或略宽于肩宽，呈外八字形。

3. 雪鞋

通常，普通单板滑雪者穿软式雪鞋，分为内胆和外壳，有系带式、拉绳式和旋钮锁紧式。

穿单板雪鞋，要先将鞋带（拉绳、旋钮）松开，打开鞋舌，掰开内胆，脚伸入雪鞋内胆，将内胆贴于小腿，再系好鞋带（拉好鞋绳或扭紧旋钮）。千万不要把雪裤内衬或裤脚放在鞋帮里，应将雪裤内衬套在鞋帮上。

4. 滑雪服

单板滑雪服在功能上与双板滑雪服一样，但比双板滑雪服更加宽松，以便滑行动作舒展。上衣有防雪内衬也称腰封衬，雪裤有防雪衬。

5. 头盔、滑雪镜和手套

单板滑雪的头盔、滑雪镜、手套与双板滑雪几乎相同。

6. 护具

单板滑雪的摔倒几率高于双板滑雪，因此护具较多，通常使用穿在滑雪服内的护臀、护甲，甚至护膝和护腕。

图书在版编目（CIP）数据

“沃沃”带你看冬奥会 . 雪上项目 / 邵国民，王栋
主编 . -- 上海：同济大学出版社，2021.12
ISBN 978-7-5608-9993-0

Ⅰ . ①沃… Ⅱ . ①邵… ②王… Ⅲ . ①冬季奥运会 –
体育项目 – 通俗读物②雪上运动 – 基本知识 – 通俗读物
Ⅳ . ① G811.212-49 ② G863.1-49

中国版本图书馆 CIP 数据核字（2021）第 268815 号

“沃沃”带你看冬奥会——雪上项目

邵国民　王　栋　主编

责任编辑　朱　勇
责任校对　徐春莲
装帧设计　张　微

出版发行　同济大学出版社 www.tongjipress.com.cn
（地址：上海市四平路 1239 号　邮编：200092　电话：021–65985622）
经　　销　全国新华书店
印　　刷　上海丽佳制版印刷有限公司
开　　本　787mm×1092mm　1/16
印　　张　3.75
字　　数　94 000
版　　次　2021 年 12 月第 1 版　2021 年 12 月第 1 次印刷
书　　号　ISBN 978-7-5608-9993-0
定　　价　28.00 元